EMG3-0087　J-POP
合唱楽譜＜J-POP＞

合唱で歌いたい！J-POPコーラスピース

混声3部合唱

えんとつ町のプペル
（ロザリーナ）

作詞・作曲：西野亮廣　　合唱編曲：西條太貴

合唱で歌いたい！J-POPコーラス

えんとつ町のプペル

作詞・作曲：西野亮廣　合唱編曲：西條太貴

【セリフ】
えんとつ町は煙突だらけ。　そこかしこから煙があがり、頭の上はモックモク。
黒い煙におおわれた、えんとつ町に住む人は、青い空を知りません。　輝く星を知りません。

ある日、煙の中から落ちてきた、赤い心臓はゴミ山へ。
ドクドクあばれる心臓に、ゴミがアレコレくっ付いて、ついに生まれたゴミ人間。
とっても汚いゴミ人間。

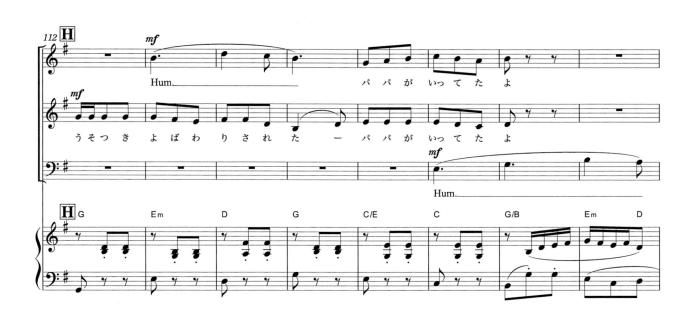

MEMO

えんとつ町のプペル （ロザリーナ）

作詞：西野亮廣

【セリフ】
えんとつ町は煙突だらけ。　そこかしこから煙があがり、
頭の上はモックモク。　黒い煙におおわれた、
えんとつ町に住む人は、青い空を知りません。　輝く星を知りません。

ある日、　煙の中から落ちてきた、
赤い心臓はゴミ山へ。　ドクドクあばれる心臓に、ゴミがアレコレくっ付いて、ついに生まれたゴミ人間。
とっても汚いゴミ人間。

ハロウィンの夜にやってきた　体がゴミのゴミ人間
えんとつ町は大騒ぎ　ひどいニオイさ　「臭い 臭い」と囃（はや）されて
キミは外にハジかれる　一人ぼっちのゴミ人間
だけどどうだ？

ゴミの体のその奥には　綺麗なハートがある
ごらん、体の汚れなんて洗えばこのとおり　見た目なんてどうだっていいのさ
キミはとても素敵

ハロハロハロハロウィン　プペプップープペル
心優しいゴミ人間　ハロハロハロハロウィン
プペプップープペル　キミはボクの友達

嘘つき呼ばわりされたパパが言ってたよ　「えんとつ町の煙の上には星がある」って
聞いてよプペル　ボクのパパは嘘つきなんかじゃない
いつか煙の上にボクを連れていってよ　星の海にプカプカ浮かぶ
そんな夜は素敵

ハロハロハロハロウィン　プペプップープペル
奇跡が近づいてる　ハロハロハロハロウィン
プペプップープペル　えんとつ町の物語

油の涙を拭いてホラ　その顔、見せておくれ
きっとまた遠くに行ってしまうんだろう？　だからその日までたくさん遊ぼうよ二人で

ハロハロハロハロウィン　プペプップープペル
心優しいゴミ人間　ハロハロハロハロウィン
プペプップープペル　キミはボクの友達

ハロハロハロハロウィン　プペプップープペル
奇跡が近づいてる　ハロハロハロハロウィン
プペプップープペル　えんとつ町の物語

MEMO

MEMO

エレヴァートミュージックエンターテイメントはウィンズスコアが
展開する「合唱楽譜・器楽系楽譜」を中心とした専門レーベルです。

ご注文について

エレヴァートミュージックエンターテイメントの商品は全国の楽器店、ならびに書店にてお求めになれますが、店頭でのご購入が困難な場合、下記PC&モバイルサイト・FAX・電話からのご注文で、直接ご購入が可能です。

◎PCサイト&モバイルサイトでのご注文方法
http://elevato-music.com
上記のアドレスへアクセスし、WEBショップにてご注文ください。

◎FAXでのご注文方法
FAX.03-6809-0594
24時間、ご注文を承ります。上記PCサイトよりFAXご注文用紙をダウンロードし、
印刷、ご記入の上ご送信ください。

◎お電話でのご注文方法
TEL.0120-713-771
営業時間内に電話いただければ、電話にてご注文を承ります。

※この出版物の全部または一部を権利者に無断で複製(コピー)することは、著作権の侵害にあたり、
　著作権法により罰せられます。

※造本には十分注意しておりますが、万一、落丁・乱丁などの不良品がありましたらお取り替えいたします。
　また、ご意見・ご感想もホームページより受け付けておりますので、お気軽にお問い合わせください。